Explorons les continents

L'Amérique du Sud

Molly Aloian et Bobbie Kalman

Traduction de Marie-Josée Brière

Catalogage avant publication de Bibliothèque et Archives nationales du Québec et Bibliothèque et Archives Canada

Aloian, Molly

    L'Amérique du Sud

    (Explorons les continents)
    Traduction de: Explore South America.
    Comprend un index.
    Pour enfants de 5 à 8 ans.

    ISBN 978-2-89579-461-5

    1. Amérique du Sud – Géographie – Ouvrages pour la jeunesse. 2. Amérique du Sud – Ouvrages pour la jeunesse. I. Kalman, Bobbie. II. Titre.

F2211.5.A4614 2012   j918   C2012-940233-8

Dépôt légal – Bibliothèque et Archives nationales du Québec, 2012
Bibliothèque et Archives Canada, 2012

Titre original: *Explore South America* de Molly Aloian et Bobbie Kalman (ISBN 978-0-7787-3090-3) © 2007 Crabtree Publishing Company,
616, Welland Ave., St. Catharines, Ontario, Canada L2M 5V6

Dédicace de Molly Aloian
À mes amies très chères, Vesna, Mandi et Tanya. Allons toutes en Amérique du Sud!

Recherche de photos
Crystal Sikkens

Conception graphique
Katherine Berti

Conseiller
W. George Lovell, Ph.D., professeur, Département de géographie, Université Queen's

Illustrations
Barbara Bedell: pages 4 (animal), 19 et 30 (oiseau); Samantha Crabtree: pages 4-5 (carte), 7, 26, 30 (carte) et 31; Robert MacGregor: page couverture (carte),
quatrième de couverture (carte), pages 8-9, 12 (carte), 14, 16 (carte), 18 et 20 (carte); Vanessa Parson-Robbs: pages 5 (fleur) et 20 (renard);
Tiffany Wybouw: page 16 (grenouille)

Photos
Achim Pohl/Das Fotoarchiv/Alpha Presse: page 29 (en haut); Dreamstime.com: Nathan Jaskowiak: page 12; Garry Adams/Index Stock: page 27;
iStockphoto.com: page couverture, quatrième de couverture, pages 1, 3, 6, 10, 11 (en bas), 13, 14-15, 16, 17 (en haut), 18, 19, 20-21, 22, 24 et 31;
Carl Frank/Photo Researchers, Inc.: page 28; © Shutterstock: Presiyan Panayotov: page 29 (en bas); Michael Schofield: page 11 (en haut);
Autres images: Digital Stock, Digital Vision, Flat Earth et Tongro Image Stock

Direction: Andrée-Anne Gratton
Traduction: Marie-Josée Brière
Révision: Johanne Champagne
Mise en pages: Danielle Dugal

© Bayard Canada Livres inc. 2012

Nous reconnaissons l'aide financière du gouvernement du Canada par l'entremise du Fonds du livre du Canada (FLC)
pour des activités de développement de notre entreprise.

Conseil des Arts   **Canada Council**
du Canada   **for the Arts**

Bayard Canada Livres inc. remercie le Conseil des Arts du Canada du soutien accordé à son programme d'édition dans le cadre du Programme
des subventions globales aux éditeurs.

Cet ouvrage a été publié avec le soutien de la SODEC. Gouvernement du Québec – Programme de crédit d'impôt pour l'édition de livres – Gestion SODEC.

Bayard Canada Livres
4475, rue Frontenac
Montréal (Québec) Canada H2H 2S2
Téléphone: 514 844-2111 ou 1 866 844-2111
edition@bayardcanada.com
bayardlivres.ca

Imprimé au Canada

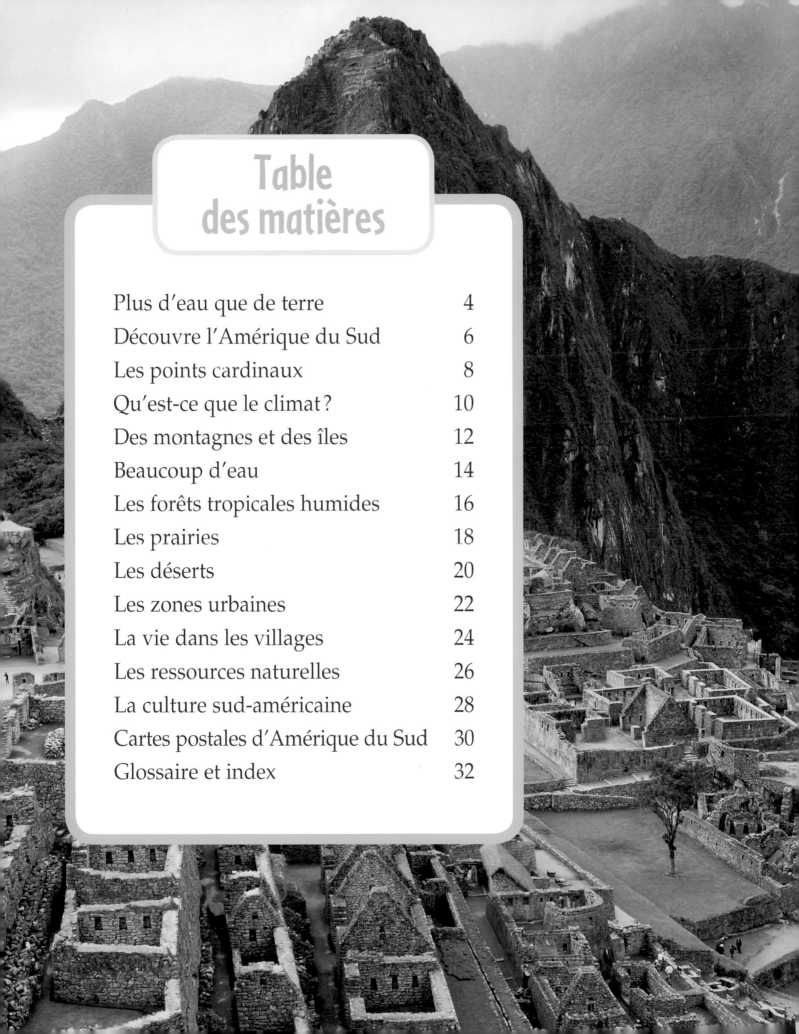

Table des matières

Plus d'eau que de terre

Notre planète est en grande partie couverte d'eau. On y trouve en particulier d'immenses masses d'eau qu'on appelle des « océans ». Il y a cinq océans sur la Terre. Du plus grand au plus petit, ce sont l'océan Pacifique, l'océan Atlantique, l'océan Indien, l'océan Antarctique et l'océan Arctique.

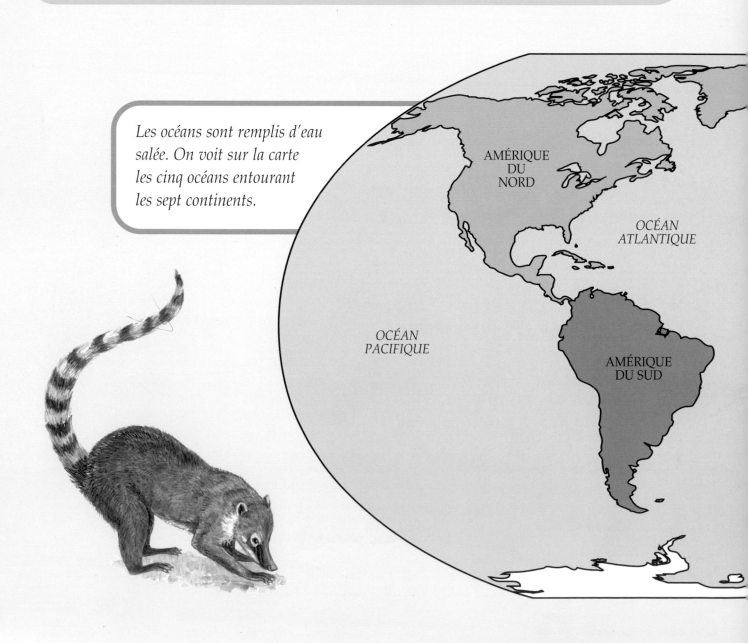

Les océans sont remplis d'eau salée. On voit sur la carte les cinq océans entourant les sept continents.

AMÉRIQUE DU NORD

OCÉAN ATLANTIQUE

OCÉAN PACIFIQUE

AMÉRIQUE DU SUD

Les sept continents

La Terre comprend aussi sept continents. Un continent, c'est une vaste étendue de terre. Du plus grand au plus petit, les sept continents sont l'Asie, l'Afrique, l'Amérique du Nord, l'Amérique du Sud, l'Antarctique, l'Europe et l'Océanie.

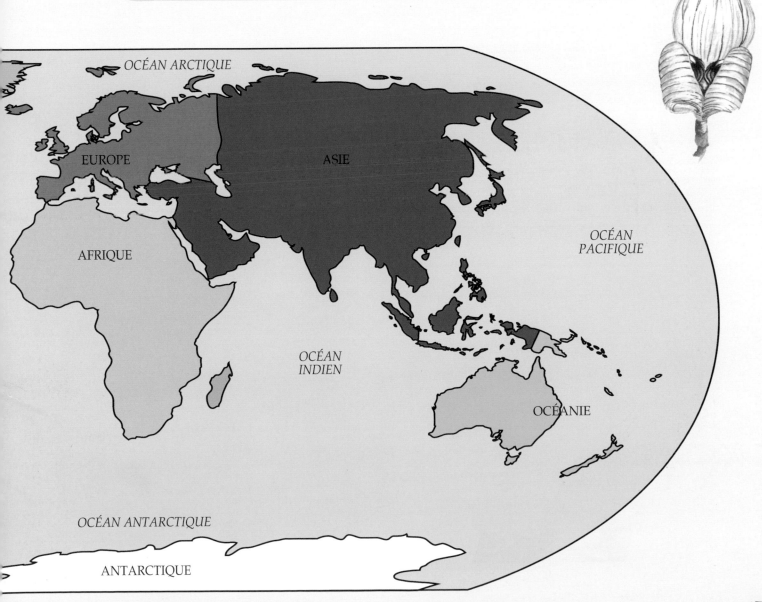

OCÉAN ARCTIQUE

EUROPE

ASIE

AFRIQUE

OCÉAN PACIFIQUE

OCÉAN INDIEN

OCÉANIE

OCÉAN ANTARCTIQUE

ANTARCTIQUE

Découvre l'Amérique du Sud

Ce livre porte sur l'Amérique du Sud, qui compte 12 pays. Un pays, c'est une partie d'un continent. Chaque pays a des frontières et un gouvernement. Une frontière, c'est un endroit où un pays finit et où un autre commence. Un gouvernement, c'est un groupe de personnes qui prennent des décisions pour les gens qui vivent dans leur pays.

On trouve d'énormes **chutes d'eau** en Amérique du Sud. On voit ici les chutes d'Iguaçu.

GUYANA SURINAME

VENEZUELA

GUYANE
FRANÇAISE

COLOMBIE

BRÉSIL

PÉROU

ÉQUATEUR

BOLIVIE

PARAGUAY

CHILI

ARGENTINE

URUGUAY

En tout, 12 pays

Les 12 pays de l'Amérique du Sud sont l'Argentine, la Bolivie, le Brésil, le Chili, la Colombie, l'Équateur, le Guyana, le Paraguay, le Pérou, le Suriname, l'Uruguay et le Venezuela. La Guyane française se trouve aussi en Amérique du Sud, mais ce n'est pas un pays. C'est un territoire d'outre-mer de la France, qui est un pays d'Europe. Un territoire d'outre-mer, c'est un territoire qui appartient à un pays situé sur un autre continent.

Les points cardinaux

Il y a quatre principaux points cardinaux sur la Terre. Ce sont le nord, le sud, l'est et l'ouest. Si tu te rends au pôle Nord, tu te trouves au point le plus au nord de la Terre. Et si tu vas au pôle Sud, tu es alors au point le plus au sud. Près de ces deux pôles, il fait froid toute l'année.

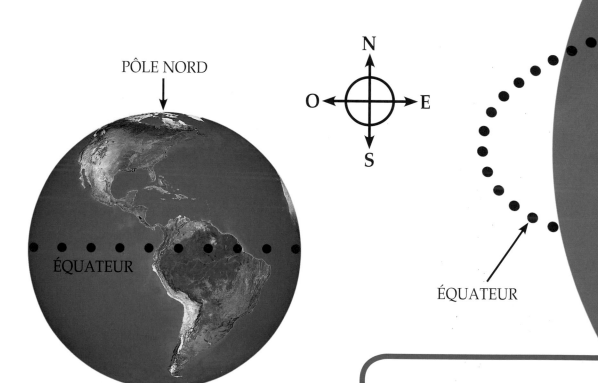

PÔLE NORD

N

O   E

S

ÉQUATEUR

PÔLE SUD

ÉQUATEUR

Deux parties égales

L'équateur est une ligne imaginaire qui fait le tour de la Terre et qui la divise en deux parties égales.

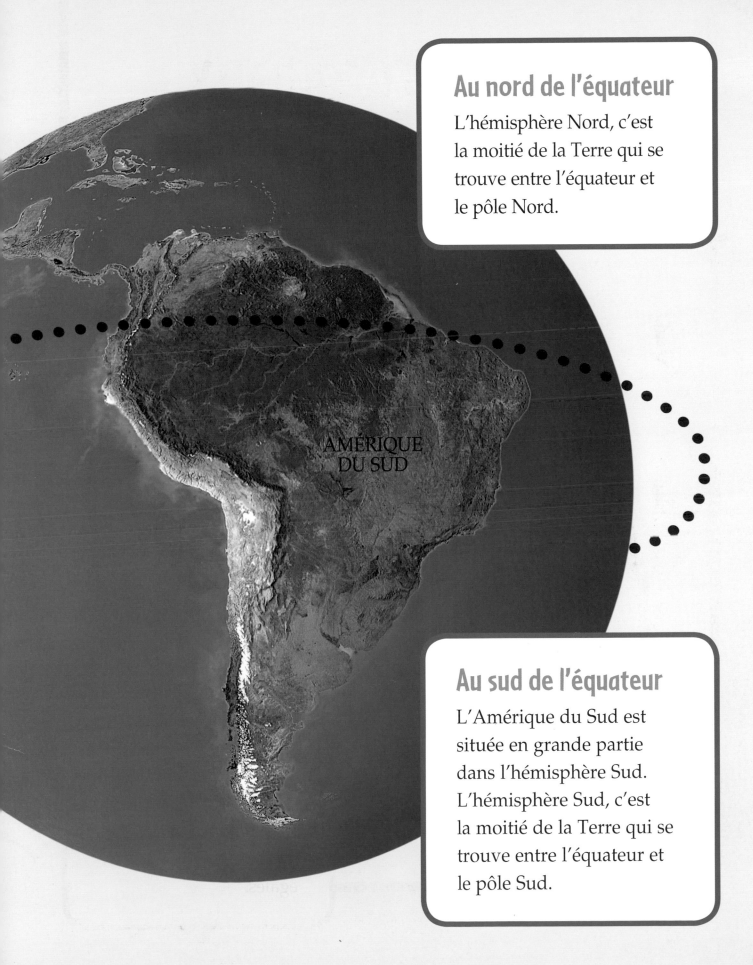

Au nord de l'équateur

L'hémisphère Nord, c'est la moitié de la Terre qui se trouve entre l'équateur et le pôle Nord.

AMÉRIQUE DU SUD

Au sud de l'équateur

L'Amérique du Sud est située en grande partie dans l'hémisphère Sud. L'hémisphère Sud, c'est la moitié de la Terre qui se trouve entre l'équateur et le pôle Sud.

Qu'est-ce que le climat ?

Le climat, c'est le temps qu'il fait pendant une longue période dans une région donnée. La température, les **précipitations** et le vent sont des éléments du climat. En Amérique du Sud, le climat est influencé par l'équateur, qui traverse la partie nord du continent. Dans les régions proches de l'équateur, le climat est chaud. Dans les régions éloignées de l'équateur, le climat est froid.

Dans les régions les plus au sud du continent sud-américain, il fait toujours froid. De grandes couches de glace épaisse couvrent la majeure partie du sol et de l'eau. Ce sont des glaciers.

La pluie et le beau temps

Les différentes régions d'Amérique du Sud ne reçoivent pas toutes la même quantité de pluie. Dans certaines régions, il pleut presque tous les jours. Dans d'autres, il ne pleut presque jamais. Il y a aussi des régions où il pleut seulement une partie de l'année. On appelle cette période la « saison des pluies ». Le reste de l'année, le climat est sec. C'est la saison sèche.

Ce renard vit dans une région du Chili où il ne pleut presque jamais.

Certaines régions du Brésil reçoivent beaucoup de pluie presque chaque jour.

Des montagnes et des îles

On trouve de nombreuses montagnes en Amérique du Sud. Les montagnes sont des zones de terre élevées dont les pentes sont raides. La cordillère des Andes est formée de montagnes situées à l'ouest du continent.

Les zones dessinées en brun sur la carte montrent où se trouvent certaines des montagnes d'Amérique du Sud.

CORDILLÈRE DES ANDES

montagnes

Les Andes forment la plus longue chaîne de montagnes au monde. Une chaîne de montagnes, c'est un groupe de montagnes qui sont disposées en ligne.

Des îles intéressantes

On trouve des îles en Amérique du Sud. Les îles sont des étendues de terre entourées d'eau. Les îles Galápagos, par exemple, sont entourées par l'océan Pacifique. Elles font partie du pays qu'on appelle l'« Équateur ». Beaucoup d'animaux comme des oiseaux, des otaries et des iguanes vivent sur ces îles et dans les eaux qui les entourent.

Beaucoup de gens visitent les îles Galápagos afin d'y observer les animaux.

Beaucoup d'eau

L'Amérique du Sud se situe entre deux océans. L'océan Atlantique borde sa côte est, alors que l'océan Pacifique borde sa côte ouest. Une côte, c'est une bande de terre qui touche à un océan ou à une mer. Une mer, c'est une petite partie d'un océan qui est entourée de terre. La côte nord de l'Amérique du Sud est bordée par la mer des Caraïbes.

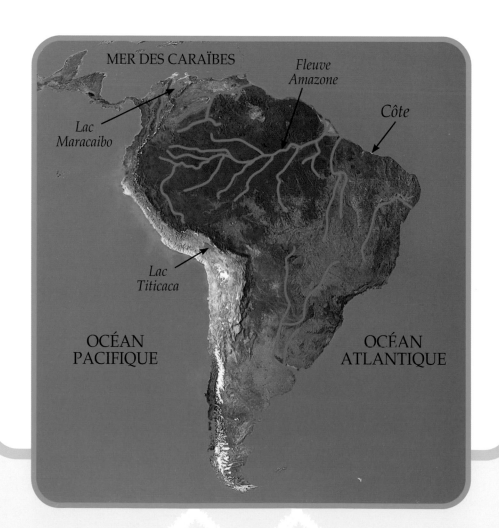

MER DES CARAÏBES

Fleuve Amazone

Côte

Lac Maracaibo

Lac Titicaca

OCÉAN PACIFIQUE

OCÉAN ATLANTIQUE

Des petits poissons très voraces nommés « piranhas » vivent dans les **rivières** et les **ruisseaux** d'Amérique du Sud. Ces poissons vivent en groupes appelés « bancs ».

L'Amazone

Le deuxième **fleuve** au monde par sa longueur se trouve en Amérique du Sud. C'est l'Amazone, qui coule du Pérou au Brésil. Il compte plus de 1 000 affluents. Un affluent, c'est un cours d'eau qui se jette dans un cours d'eau plus grand.

Les forêts tropicales humides

Il y a des forêts tropicales humides en Amérique du Sud. Ces forêts contiennent de nombreux grands arbres. On en trouve uniquement dans les régions chaudes et pluvieuses, où il tombe au moins 250 centimètres de pluie chaque année.

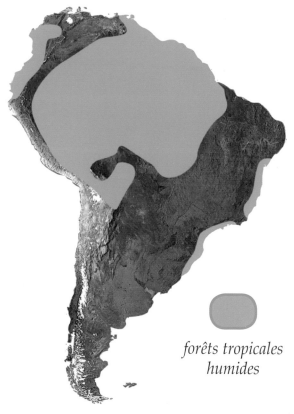

forêts tropicales humides

La forêt amazonienne

La forêt amazonienne est la plus grande forêt tropicale humide de toute l'Amérique du Sud, et même du monde !

Ce papillon est un morpho bleu. Il vit en Amérique du Sud, dans une forêt tropicale humide.

Les singes-écureuils, aussi appelés « saïmiris », vivent dans les forêts humides d'Amérique du Sud.

Dans les arbres

Les forêts tropicales humides abritent beaucoup d'espèces d'animaux. Les paresseux tridactyles, par exemple, vivent dans les arbres. De nombreuses espèces de chauves-souris, d'oiseaux et de singes vivent aussi en hauteur. Ces animaux trouvent leur nourriture dans les arbres.

*Les paresseux tridactyles se nourrissent de brindilles, de **bourgeons** et de feuilles qui poussent dans les arbres des forêts humides.*

Les prairies

Une prairie, c'est une vaste zone de terre plate où poussent différentes sortes d'herbes. On y trouve aussi des arbustes et quelques espèces d'arbres. La pampa est une grande prairie d'Amérique du Sud. Elle couvre une partie de l'Argentine, du Brésil et de l'Uruguay.

PAMPA

prairies

Ces animaux sont des capybaras. Ils vivent dans les prairies sud-américaines. Les capybaras sont les plus gros rongeurs de la Terre.

Les guanacos mangent des herbes et d'autres plantes de la pampa.

Les animaux des prairies

Des centaines d'animaux vivent dans la pampa. On y trouve des nandous d'Amérique, des loups à crinière, des guanacos et beaucoup d'autres espèces.

Les nandous d'Amérique prennent des herbes pour faire leur nid dans la pampa.

19

Les déserts

Les déserts sont des zones où le climat est très sec. Il y tombe très peu de pluie chaque année. Le désert d'Atacama est un très grand désert chaud d'Amérique du Sud. Il s'étend sur près de 1 000 kilomètres de long.

DÉSERT D'ATACAMA

déserts

Les animaux du désert

On trouve très peu d'animaux dans le désert d'Atacama, parce que le climat y est extrêmement sec et que les animaux ont besoin d'eau pour survivre. Quelques espèces d'oiseaux, de lézards et d'insectes vivent toutefois dans certaines parties du désert. On y trouve aussi des renards.

Le désert d'Atacama est un des déserts les plus secs au monde. Dans certaines régions, il n'y a pas eu de pluie depuis plus de 400 ans !

La vie dans le désert

Plus d'un million de personnes vivent dans le désert d'Atacama. Beaucoup de ces gens habitent dans des **villages** ou des petites villes. Certains sont des mineurs. Les mineurs creusent d'énormes trous dans le sol pour en retirer des **minéraux** comme le charbon et le cuivre.

Cette femme vit dans un village du désert d'Atacama.

Les zones urbaines

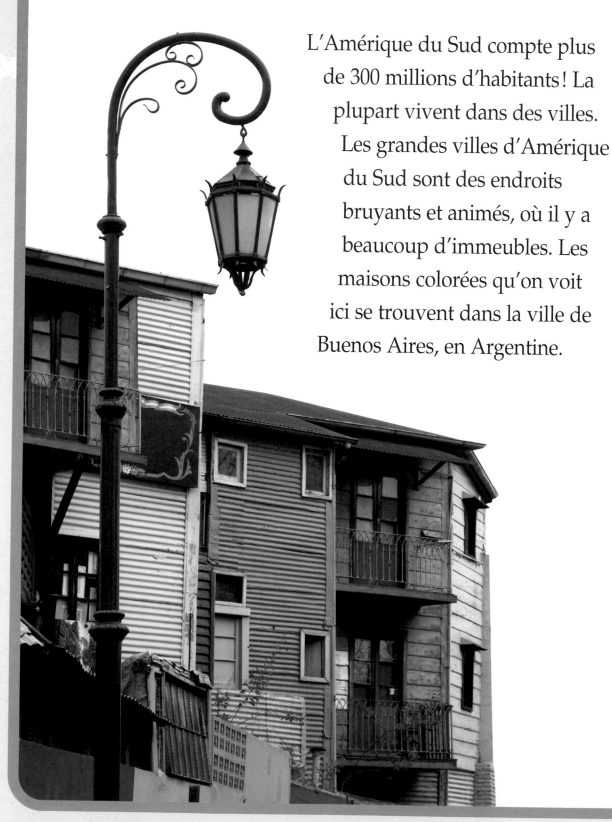

L'Amérique du Sud compte plus de 300 millions d'habitants! La plupart vivent dans des villes. Les grandes villes d'Amérique du Sud sont des endroits bruyants et animés, où il y a beaucoup d'immeubles. Les maisons colorées qu'on voit ici se trouvent dans la ville de Buenos Aires, en Argentine.

Des millions d'habitants

De nombreuses villes sud-américaines sont situées près de l'océan Atlantique ou de l'océan Pacifique. On trouve de belles plages de sable dans certaines de ces villes, comme à Rio de Janeiro. Après São Paulo, Rio de Janeiro est la plus grande ville du Brésil. Plus de six millions de personnes y vivent. Les gens viennent de partout dans le monde pour voir les plages et les montagnes de Rio de Janeiro, et pour profiter de son climat agréable.

La vie dans les villages

Beaucoup de gens vivent dans les **zones rurales** d'Amérique du Sud, à l'extérieur des villes. Ils habitent généralement dans des villages. Certains de ces villages ne se trouvent même pas sur la terre ferme! Le village qu'on voit ici est situé sur le **lac** Titicaca. Il est construit sur une île flottante. Les gens qui y vivent sont appelés « Uros ». Ils ont construit l'île de leurs propres mains, en utilisant des **roseaux** qu'ils ont attachés ensemble. Les Uros construisent aussi leurs maisons, leurs bateaux et leurs meubles avec des roseaux séchés.

bateau en roseaux

Cultiver sa nourriture

Une bonne partie des habitants des zones rurales ont des jardins ou des fermes. Ils y cultivent des fruits et des légumes pour nourrir leur famille. Certains vendent la nourriture qu'ils ont en trop dans des marchés extérieurs, comme celui qu'on voit ici. Les gens élèvent aussi des vaches et d'autres animaux pour que leur famille puisse manger de la viande.

Les ressources naturelles

Les ressources naturelles sont des matières qu'on trouve dans la nature et que les gens peuvent vendre pour faire de l'argent. L'Amérique du Sud possède de nombreuses ressources naturelles, par exemple du pétrole, du charbon et des arbres. Le **bétail**, les bananes, le maïs et la canne à sucre sont d'autres ressources naturelles qu'on trouve en Amérique du Sud.

canne à sucre

pétrole

bétail

café

En un clin d'œil

On cultive du cacao, du café et différentes sortes de noix en Amérique du Sud. Ces ressources sont vendues partout dans le monde.

Des matières très précieuses

L'or et l'argent sont d'autres ressources naturelles de l'Amérique du Sud. En plus de ces **métaux**, on trouve sur ce continent des **pierres précieuses** comme les diamants et les émeraudes. Les gens peuvent s'enrichir en vendant ces ressources naturelles.

Ce garçon et son père sont à la recherche d'or.

La culture sud-américaine

La culture, c'est l'ensemble des croyances, des coutumes et des modes de vie qu'un groupe de gens a en commun. Cette culture peut s'exprimer par des œuvres d'art, de la musique et des danses, mais aussi par d'autres activités comme les jeux et les sports. Voici quelques-unes des choses que les Sud-Américains font pour exprimer leur culture.

Ces gens sont des Indiens Aymaras, qui vivent en Bolivie.
Les femmes exécutent une danse traditionnelle de leur peuple.

Le *futbol*

Le soccer est le sport le plus populaire en Amérique du Sud. Les enfants comme les adultes y jouent, dans tous les pays du continent. Mais, dans ces pays, on appelle plutôt le soccer « football » ou « *futbol* ».

Le soccer est particulièrement populaire en Argentine, au Brésil et en Uruguay.

Cette jeune fille est costumée pour le carnaval.

Le carnaval

Le carnaval, c'est une grande fête qui a lieu chaque année au mois de février. Pendant le carnaval, on assiste à des défilés bruyants dans les rues, avec des costumes colorés, de la musique, de la nourriture, des chants et des danses. En Amérique du Sud, on célèbre le carnaval pendant plusieurs jours.

Cartes postales d'Amérique du Sud

On trouve beaucoup d'endroits magnifiques et intéressants en Amérique du Sud. Des gens du monde entier vont visiter ces endroits pour le plaisir. On appelle ces gens des « touristes ». Voici quelques-uns des endroits les plus spectaculaires d'Amérique du Sud. Les cartes montrent où ils se trouvent sur le continent.

Des milliers d'animaux, comme cette tortue géante, vivent sur les îles Galápagos. Les tortues géantes des Galápagos peuvent vivre plus de 100 ans !

Les gens se rendent en Amérique du Sud pour explorer la forêt amazonienne. Ils font de l'**écotourisme** pour mieux connaître la forêt humide et l'Amazone.

Le Machu Picchu est une ville très ancienne qui se trouve dans les montagnes du Pérou. Cette ville a été construite par le peuple inca au 15e siècle.

31

Glossaire

bétail Animaux, comme les vaches, que les gens élèvent pour leur viande

bourgeon Partie d'une plante qui deviendra une feuille ou une fleur

chute d'eau Endroit où un cours d'eau baisse soudainement de niveau

écotourisme Forme de voyage qui consiste à visiter des endroits naturels pour observer les plantes et les animaux qui y vivent

fleuve Cours d'eau qui se jette dans un océan

lac Grande étendue d'eau entourée de terre

métaux Substances dures et brillantes comme l'or, l'argent ou le cuivre

minéraux Substances qu'on trouve dans le sol, comme le charbon

pierre précieuse Pierre de grande valeur qui peut être polie et taillée

précipitations Chutes de pluie ou de neige

rivière Cours d'eau qui se jette dans un fleuve

rongeur Animal dont les deux longues dents d'en avant ne cessent jamais de pousser et qui lui servent à gruger

roseau Herbe haute qui pousse dans l'eau

ruisseau Petit cours d'eau étroit

village Petit groupe de maisons et d'autres bâtiments dans une zone rurale

zone rurale Région située à l'extérieur des villes

Index